LE GRAND PROCEZ ET LA querelle des femmes du faux-bourg S. Germain, auec les filles du faux-bourg de Mont-marte.

Sur l'arriuee du Regiment des Gardes.

Auec l'Arrest des Commeres du Faux-bourg S. Marceau, interuenu en ladite cause.

A PARIS,

Imprimé de iour, & se vendent en plain midy.

MDC. XXIII.

87.

LE GRAND PROCEZ ET LA QVERELLE DES FEMMES du Faux-bourg S. Gernain auec les filles du Faux-bourg de Montmarte.

Sur l'arriuee du Regiment des Gardes.

Auec l'Arrest des Commeres du Faux-bourg S. Mrceau interuenu en ladite cause.

L'Enuie apporte de grands maux parmy la societé humaine, c'est vne furie qui est embrassee indiffe-remment de tout le monde, & qui se laisse tirer à vn chacun par la queuë, comme le diable d'argent qu'a fait peindre le Curé de Mille-monts sur son Almanach.

Tout ne se mene que par l'enuie, c'est le ressort de nos affaires, l'enuie nous engendre: car si vne femme n'a-uoit point d'enuie de multiplier sa race elle n'engendreroit iamais : l'Enuie nous nourrit & alimente : car si on n'auoit enuie de manger, en vain la nature nous auroit donné des dents, l'Enuie nous fait mourir, & toutefois elle ne meurt iamais.

C'est, c'est enuie qui a esté cause de ce grand, ce difficille, cet authentique superliquoquêtieux & estrange procés interuenu entre les filles du faux-bourg de Montmarte, & les femmes du faux-bourg sainct Germain que nous auons auiourd'huy sur le bureau, & ce à mesme temps qu'elles ont veu arriuer le Regiment des Gardes. Procés solemnel, procés qui doit estre iugé en robbe iaune, procés ou il ne faut point mander huictaine d'aduis, procés qui sera iugé sur le champ, comme appert par l'histoire, procés ou les despês seront plus chers que le fonds dont il s'agit, procés ou il fera bon auoir des espices : car plusieurs y seront poiurés, en fin, c'est vn procés dont on n'a iamais ouy parler & le peut on nommer le procés des procés.

Le Mercredy qui estoit le iour dont la veille & le Ieudy estoit distantes de deux fois vingt quatre heures, à laquelle iournee arriuerent à grand foule, le tambour sonnant & les enseignes desployees, les Soldats des Gardes tant desirés à Paris, s'assemblerent dans le fauxbourg sainct Germain grande quantité de femmes, soy disant coureuses, vagabondes, regratteuses de &c. Le tout en tres-bel ordre le cul deuant & les mains derriere, les talons vsez, la chemise retroussee, à l'endroit des manches, vne seruiette sous le bras (car c'est maintenant la coustume) lesquelles apres auoir generallement desploré la triste fortune dont elles auoient esté agitees pendant l'absence de l'armee & durant le froid de l'Hiuer, que les bleds estoient couppez, vne des plus vieilles se leua, le front ridé & la chemise entre les iambes : c'est assez, dit-elle, c'est assez pleurer, tousiours le vent de bise ne sifle & ne descoche ſes froidures, apres l'hyuer vient le prin-temps, c'eſt trop ſemer, il nous faut recueillir, voicy l'autonne arriué, nous l'auons pluſtoſt trouué que le prin-temps. Courage, noſtre gaignage eſt reuenu. Nous auons doreſnauant forces beſongnes, ſi nous ne pouuons trauailler de la pointe & que noſtre eſguille ſoit rompuë nous trauaillerons du cul. Ie diſois touſiours bien, que ces malheurs ne dureroient pas long temps, & qu'en fin nous trouuerions le moyen de gaigner noſtre vie Il n'y a icy qu'vne choſe qui nous peut donner du doubte. Peut eſtre que les filles du faux bourg de Montmarte, ou celles du faux bourg ſainct Victor voudront auoir part au gaſteau: car on m'a donné aduis l'autre iour qu'il y auoit vn grand nombre de noſtre compaignie qui y eſtoient allees louër des chambres (car pour les boutiques elles les portent touſiours quant & elles) ſi cela eſt, c'eſt vn grand procez que nous allõs auoir ſur les bras, & à vray dire il nous faudra toutes en cecy contribuer.

Mamie, luy fit vne ieune guillerette qui a le visage assez frais: mais qui a le cul chaud, nous ne deuons craindre de ce costé là, voicy la foire qui vient, nous aurons toute la marchandise, la chalandise, les marchands & les chalans, & le pis sera que nous ne pourrons trouuer de trous assez pour les mettre, & puis de toute antiquité, ce faux-bourg n'a-il point ceste prerogatiue par dessus les autres, que d'estre le repertorium des meilleures pieces de Paris, c'est le siege & la demeure ordinaire de Venus, le Palais authentique de la verolle, l'anti-chambre des chancres, le cabinet des chaudes pisses, l'estude ordinaire de la cristaline, l'estable des Poulains, l'escutie des morfondus, le retrait des coupeurs de bourses, & le seiour des maquereaux: personne pour qualité excellẽte qu'il aye ne nous peut oster les aduantages.

Vous dites vray dit vne petite camuse, qui est arriuee fraischement de l'armee, mais vous ne parlés pas des coups d'eſpee ny les coups de baſtons que nous receurons ſi nous enuoyons quelque pauure diable au Royaume de Suede, il ne faut ja craindre de ce coſtè: Reſpondit vne petite brunette qui s'ẽ meſle deſpuis huict iours i'ay cinq ou ſix laquais de noſtre coſté, & puis ſi quelqu'vn eſt attrappé à ce ieu, & qu'il prenne l'as de trefle pour celuy de pique, c'eſt ſa faute, il n'a qu'à ſe ſeruir d'vne l'vnette d'Holande, & regarder droit au but.

Mais parlons vn peu de noſtre gaignage reſpondit vne vieille qui auoit fait ſon temps, pour moy, ie demeure aupres de ſainct Supplice: mais iuſques icy, mes chalans ordinaires ne m'ont pas abandonné, ſi les filles du faux-bourg de Mont-matre veulent cauſer, nous ſouſtiendrons l'effort & l'aſſaut, pour moy ny mes compaignes nous ne nous rendrons iamais, ie me coucheray pluſtoſt que de me rendre, ſi d'aduenture on regarde au nombre, nous ſommes en plus grandes quantité qu'elles nous en fourniront

ront tousiours six contre une.

Ie vous diray, ma mere fit vne grande Iaqueline qui auoit demeuré durant les troubles au faux-bourg de Montmarte, on y fait quelquefois du profits: mais pour le iourd'huy le mestier est bradé, nous auons beau coudre & filer, à peine gaignons nous le louage de nos chambres, c'est la cause pourquoy ie me suis releguee en ce cartier, pour voir si la fortune ne me sera point plus fauorable durant la foire. Le temps des foires fait vne rieuse, c'est le temps des vendãges en toute l'annee, on ne sçauroit trouuer foire à meilleur marché, nous ne sommes pas icy pour rire, ma cousine fit vne courtisanne à la mode, il nous faut aduiser à nous deffendre: car comme i'alois hier à la porte sainct Anthoine auec les autres, i'entendis sourdement dire à trois ou quatre bonnes gens, que les filles du fauxbourg Mõtmarte auoient enuie de nous adiourner & à faute de comparoistre qu'on nous iugeroit par contumace.

Ainsi qu'elle acheuoit ces mots, voicy vne vieille hipopōdriaque de Damoiselle, duquel le né estoit vne vraye goutiere : qui incessamment couloit (à ce que porte l'histoire) laquelle ayant leué son masque à demy pourry, salüe l'assistance à la mode des fēmmes, le cul ouuert & la bouche fermee. Ie suis tres-ioyeuse (dit-elle) de vous trouuer en ce lieu: car ie crois qu'il estoit impossible d'aggreger toutes les coureuses du fauxbourg sainct Germain en vn corps pour la quantité: toutefois, puis que vous vous estes rencontrees si à propos, ie suis venu icy vous apporter vn adiournement petsonnel, pour vous voir estre condamnees à vous desister & debouter de l'esperance que vous auez cōceuë de faire vos iours gras auec les nouueaux venus, nos pretensions sont, que cela nous appartient, & que c'est nostre droict. Lequel perdre, ce seroit renuerser tous nos statuts, & nos priuileges, tant anciens que modernes.

Le iour de l'assignation se sera sabmedy prochain, pardeuant les commeres du fauxbourg sainct Marceau, ou celuy qui aura le droit le conserue-ra au mieux qu'il pourra.

C'este harangue estonna de prim' abord la compagnie, vne bossuë qui auoit esté autrefois regrateuse de parchemin, va dire : mais Madamoiselle, vostre adiournement, est-il fait à domicille, à quelle heure faites vous vos affaires. Mamie (fit l'autre) i'ay gardé la coustume, ie suis femme d'vn Sergent de sainct Lazare: Ce n'est pas d'auiourd'huy que ie dresse des committimus en l'absence de mon mary, il y a long temps assez que ie sçauois comment il faut donner vne assignation, soignez seulement à l'heure que ie vous donne.

Vne grande Hacquenee à toute selle se leue debout, & biē, voila bien parlé mercy de ma vie, ouy nous irōs, craignés vous que nous n'osions comparoistre si nous n'y pouuons aler de front, nous irons de cul & de teste.

Le iour venu, il fallut comparoistre

iamais en ma vie ie n'auois veu tant d'auant-coureuſes pour vn iour, il n'y auoit coin, trou, rüe ne deſtour, qui ne fuſt remplie de ceſte racaille.

Pleuſt à Dieu que la riuiere des Gobelins qui vient de Gentilly ſe fuſt desbordee comme iadis, elle eut fait vn grand bien pour Paris, il ne me ſouuient plus bonnement du lieu ou ſe faiſoit l'aſſemblee, toutefois, c'eſtoit entre la porte ſainct Iacques & celle ſainct Victor ce me ſemble: La plus effrontee entre, & auec elle quatre ou cinq des putains, ie veux dire deputés du faux-bourg ſainct Germain, parlant pour le corps & aggregé dudit faux-bourg qui attendoit dans la rue.

Mes Dames, dit-elle, ie prens icy le fait & cauſe de mes compaignes du faux-bourg ſainct Germain, qui ont vn grand procez contre les caqueteuſes du faux-bourg de Montmartre ſoit diſant ſeules deuoir auoir part à l'allegreſſe commune, que chacun a receu du retour de l'armee. Ie ſouſtiens que cela eſt faux, nonobſtant quelque reſpect qu'on puiſſe admettre & le prouue, parce qu'il y a tantoſt vn an que nous ſommes ſans beſongnes, noſtre cheminee n'a pas eſté ramonee comme elle ſouloit, nous auons apreſté le corps de garde, le Regiment eſtant venu nous demãdons qu'il y entre. Secundo, ſi noſtre moulin, par la longue abſence du Meuſnier venoit à demeurer oiſif, & que les meules faute de mouuement vinſent à s'enrouiller, quel deſaſtre y auroit-il en la nature? quel changement & quelle metamorphoſe nous ſommes en vn temps que tout ſe corrõpt, ſi on n'y ſoigne: Concluſion, nous vous demandons que vous ayez à vous deporter ſur les lieux, viſiter & reuoir les logis de l'vne & de l'autre partie, voir les commoditez & illec nous iuger ſur le champ & nous aſſigner à qui doit demeurer le droict.

Celle qui preſidoit va dire, par la vertu nobis, s'il y a quelque droit, ie ne le veux donner ny à l'vn ny à l'autre,i'aime mieux le garder pour moy, feroit-il raifonnable que vous fuffiez le Singe & nous les Leurettes? vous vous feruiriez donc de nous pour attirer les chataignes hors du feu,il n'en ira pas ainfi: mais ou eft voftre partie, parlez bas, appellez Procureurs, ou eft le Greffier, il eft allé regratter le parchemin. Voila fans doute,& donc ma commere, eft-ce vous dont eft queftiõ elle parloit à l'aducture pour les filles du fauxbourg Mont-marte, qui voulant paroiftre de iour s'eftoit armé la tefte d'vn vieux haillon qu'elle auoit fait blanchir depuis peu)

Madame,excufez moy, nous auõs maintenant tant de befongnes que ie n'auois peu venir à l'heure, toutefois, ie crains auoir auffi bon droit que nos parties,il eft icy queftion d'vne realité, Nous demandons que feules nous ayons le pouuoir & la puiffance de participer aux bonnes graces de nos feruiteurs anciens qui font reuenus de l'armee, perfonne ne nous peut ofter ce droict, nous en pretendons des bonnes & belles alliances.

La harangue acheuee, on entendit vn bruit lourd parmy la chambre, ainsi que seroit le siflement de sept ou huict tripieres quant elles vont à la chaudiere chercher leur trippes.

La consultation faite de part & d'autre, les aduis donnés, les sentences recueillies, celle qui deuoit donner l'arrest diffinitif, se va planter sur la bouche d'vn retrait qui estoit dans la chambre faute de siege & prononça ces mots,

SENTENCE ET ARREST des commeres du Fauxbourg S. Marceau.

ATtendu que c'est vne question de droict, & qu'ẽ cecy, plusieurs femmes tant de Paris que des Faux bourgs y pourroient estre interessees que d'autre part on ne peut plumer la poulle si nous n'y sommes presentes: Apres auoir le tout veu, releu, corrigé & augmenté, comme appert par nos Registres, contumaces, sentences, renuois appels, &c. Nous voulons que les parties soyent absous & contents chacun endroit-soy, & ne pourront lesdites susnommees, s'iniurier, viuront, trafiqueront, & se tiendront paisibles. Nous reseruant toutesfois vne coppie de l'execution de ceste Sentence, afin que chacun cognoisse & soit notoire à tous, que nous ne voulons pas tellement donner le droict à nos voisins que nous ne le gardions pour nous mesmes. Ainsi a esté fait, dit, dôné, executé, &c. *habe chabini chabeas.*

Fait le lendemain de la veille du iour que dessus.

FIN.

www.ingramcontent.com/pod-product-compliance
Lightning Source LLC
LaVergne TN
LVHW010319230826
846091LV00009B/3731